中共中央国务院关于
促进民营经济发展壮大的意见

人民出版社

目　录

中共中央国务院关于
促进民营经济发展壮大的意见

（2023 年 7 月 14 日）

民营经济是推进中国式现代化的生力军，是高质量发展的重要基础，是推动我国全面建成社会主义现代化强国、实现第二个百年奋斗目标的重要力量。为促进民营经济发展壮大，现提出如下意见。

一、总体要求

以习近平新时代中国特色社会主义思想为指导，深入贯彻党的二十大精神，坚持稳中求进工作总基调，完整、准确、全面贯彻新发展理念，加快构建新发展格局，着力推动高质量发展，坚持社会主义市场经济改革方向,坚持"两个毫不动摇",加快营造市场化、法治化、国际化一流营商环境,优化民营经济发展环境,依法保护民营企业产权和企业家权益,全面构建亲清政商关系,使各种所有制经济依法平等使用生产要素、公平参与市场竞争、同等受到法律保护,引导民营企业通过自身改革发展、合规经营、转型升级不断提升发展质量,促进民营经济做大做优做强,在全面建设社会主义现代化国家新征程中作出积极贡献,在中华民族伟大复兴历史进程中肩负起更大使命、承担起更重责任、发挥出更大作用。

二、持续优化民营经济发展环境

构建高水平社会主义市场经济体制,持续优化稳定公平透明可预期的发展环境,充分激发民营经济生机活力。

(一)持续破除市场准入壁垒。各地区各部门不得以备案、注册、年检、认定、认证、指定、要求设立分公司等形式设定或变相设定准入障碍。清理规范行政审批、许可、备案等政务服务事项的前置条件和审批标准,不得将政务服务事项转为中介服务事项,没有法律法规依据不得在政务服务前要求企业自行检测、检验、认证、鉴定、公证或提供证明等。稳步开展市场准入效能评估,建立市场准入壁垒投诉和处理回应机制,完善典型案例归集和通报制度。

(二)全面落实公平竞争政策制度。强化竞争政策基础地位,健全公平竞争制度框架和政策实施机制,坚持对各类所有制企业一视同仁、平等对待。强化制止滥用行政权力排除限制竞争的反垄断执法。未经公平竞争不得授予经营者特许经营权,不得限定经营、购买、使用特定经营者提供的商品和服务。定期推出市场干预行为负面清单,及时清理废除含有地方保护、市场分割、指定交易等妨碍统一市场和公平竞争的政策。优化完善产业政策实施方式,建立涉企优惠政策目录清单并及时向社会公开。

(三)完善社会信用激励约束机制。完善信用信息记录和共享体系,全面推广信用承诺制度,将承诺和履约信息纳入信用记录。发挥信用激励机制作用,提升信用良好企业获得感。完善信用约束机制,依法依规按照失信惩戒措施清单对责任主体实施惩戒。健全失信行为纠正后的信用修复机制,研究出台相关管理办法。完善政府诚信履约机制,建立健全政务失信记录和惩戒制度,将机关、事业单位的违约毁约、拖欠账款、拒不履行司法裁判等失信信息纳入全国信用信息共享平台。

(四)完善市场化重整机制。鼓励民营企业盘活存量资产回收资金。坚持精准识别、分类施策,对陷入财务困境但仍具有发展前景和挽救价值的企业,按照市场化、法治化原则,积极适用破产重整、破产和解程序。推动修订企业破产法并完善配套制度。优化个体工商户转企业相关政策,降低转换成本。

三、加大对民营经济政策支持力度

精准制定实施各类支持政策,完善政策执行方式,加强政策协调性,及时回应关切和利益诉求,切实解决实际困难。

(五)完善融资支持政策制度。健全银行、保险、担保、券商等多方共同参与的融资风险市场化分担机制。健全中小微企业和个体工商户信用评级和评价体系,加强涉企信用信息归集,推广"信易贷"等服务模式。支持符合条件的民营中小微企业在债券市场融资,鼓励符合条件的民营企业发行科技创新公司债券,推动民营企业债券融资专项支持计划扩大覆盖面、提升增信力度。支持符合条件的民营企业上市融资和再融资。

(六)完善拖欠账款常态化预防和清理机制。严格执行《保障中小企业款项支付条例》,健全防范化解拖欠中小企业账款长效机制,依法依规加大对责任人的问责处罚力度。机关、事业单位和大型企业不得以内部人员变更,履行内部付款流程,或在合同未作约定情况下以等待竣工验收批复、决算审计等为由,拒绝或延迟支付中小企业和个体工商户款项。建立拖欠账款定期披露、劝告指导、主动执法制度。强化商业汇票信息披露,完善票据市场信用约束机制。完善拖欠账款投诉处理和信用监督机制,加强对恶意拖欠账款案例的曝光。完善拖欠账款清理与审计、督查、巡视等制度的常态化对接机制。

(七)强化人才和用工需求保障。畅通人才向民营企业流动渠道,健全人事管理、档案管理、社会保障等接续的政策机制。完善民营企业职称评审办法,畅通民营企业职称评审渠道,完善以市场评价为导向的职称评审标准。搭建民营企业、个体工商户用工和劳动者求职信息对接平台。大力推进校企合作、产教融合。推进民营经济产业工人队伍建设,优化职业发展环境。加强灵活就业和新就业形态劳动者权益保障,发挥平台企业在扩大就业方面的作用。

(八)完善支持政策直达快享机制。充分发挥财政资金直达机制作用,推动涉企资金直达快享。加大涉企补贴资金公开力度,接受社会监督。针对民营中小微企业和个体工商户建立支持政策"免申即享"机制,推广告知承诺制,有关部门能够通过公共数据平台提取的材料,不再要求重复提供。

(九)强化政策沟通和预期引导。依法依规履行涉企政策调整程序,根据实际设置合理过渡期。加强直接面向民营企业和个体工商户的政策发布和解读引导。支持各级政府部门邀请优秀企业家开展咨询,在涉企政策、规划、标准的制定和评估等方面充分发挥企业家作用。

四、强化民营经济发展法治保障

健全对各类所有制经济平等保护的法治环境，为民营经济发展营造良好稳定的预期。

（十）依法保护民营企业产权和企业家权益。防止和纠正利用行政或刑事手段干预经济纠纷，以及执法司法中的地方保护主义。进一步规范涉产权强制性措施，避免超权限、超范围、超数额、超时限查封扣押冻结财产。对不宜查封扣押冻结的经营性涉案财物，在保证侦查活动正常进行的同时，可以允许有关当事人继续合理使用，并采取必要的保值保管措施，最大限度减少侦查办案对正常办公和合法生产经营的影响。完善涉企案件申诉、再审等机制，健全冤错案件有效防范和常态化纠正机制。

（十一）构建民营企业源头防范和治理腐败的体制机制。出台司法解释，依法加大对民营企业工作人员职务侵占、挪用资金、受贿等腐败行为的惩处力度。健全涉案财物追缴处置机制。深化涉案企业合规改革，推动民营企业合规守法经营。强化民营企业腐败源头治理,引导民营企业建立严格的审计监督体系和财会制度。充分发挥民营企业党组织作用,推动企业加强法治教育,营造诚信廉洁的企业文化氛围。建立多元主体参与的民营企业腐败治理机制。推动建设法治民营企业、清廉民营企业。

(十二)持续完善知识产权保护体系。加大对民营中小微企业原始创新保护力度。严格落实知识产权侵权惩罚性赔偿、行为保全等制度。建立知识产权侵权和行政非诉执行快速处理机制,健全知识产权法院跨区域管辖制度。研究完善商业改进、文化创意等创新成果的知识产权保护办法,严厉打击侵犯商业秘密、仿冒混淆等不正当竞争行为和恶意抢注商标等违法行为。加大对侵犯知识产权违法犯罪行为的刑事打击力度。完善海外知识产权纠纷应对指导机制。

(十三)完善监管执法体系。加强监管标准化规范化建设,依法公开监管标准和规则,增强监管制度和政策的稳定性、可预期性。提高监管公平性、规范性、简约性,杜绝选择性执法和让企业"自证清白"式监管。鼓励跨行政区域按规定联合发布统一监管政策法规及标准规范,开展联动执法。按照教育与处罚相结合原则,推行告知、提醒、劝导等执法方式,对初次违法且危害后果轻微并及时改正的依法不予行政处罚。

(十四)健全涉企收费长效监管机制。持续完善政府定价的涉企收费清单制度,进行常态化公示,接受企业和社会监督。畅通涉企违规收费投诉举报渠道,建立规范的问题线索部门共享和转办机制,综合采取市场监管、行业监管、信用监管等手段实施联合惩戒,公开曝光违规收费典型案例。

五、着力推动民营经济
实现高质量发展

引导民营企业践行新发展理念,深刻把握存在的不足和面临的挑战,转变发展方式、调整产业结构、转换增长动力,坚守主业、做强实业,自觉走高质量发展之路。

(十五)引导完善治理结构和管理制度。支持引导民营企业完善法人治理结构、规范股东行为、强化内部监督,实现治理规范、有效制衡、合规经营,鼓励有条件的民营企业建立完善中国特色现代企业制度。依法推动实现企业法人财产与出资人个人或家族财产分离,明晰企业产权结构。研究构建风险评估体系和提示机制,对严重影响企业运营并可能引发社会稳定风险的情形提前预警。支持民营企业加强风险防范管理,引导建立覆盖企业战略、规划、投融资、市场运营等各领域的全面风险管理体系,提升质量管理意识和能力。

（十六）支持提升科技创新能力。鼓励民营企业根据国家战略需要和行业发展趋势,持续加大研发投入,开展关键核心技术攻关,按规定积极承担国家重大科技项目。培育一批关键行业民营科技领军企业、专精特新中小企业和创新能力强的中小企业特色产业集群。加大政府采购创新产品力度,发挥首台(套)保险补偿机制作用,支持民营企业创新产品迭代应用。推动不同所有制企业、大中小企业融通创新,开展共性技术联合攻关。完善高等学校、科研院所管理制度和成果转化机制,调动其支持民营中小微企业创新发展积极性,支持民营企业与科研机构合作建立技术研发中心、产业研究院、中试熟化基地、工程研究中心、制造业创新中心等创新平台。支持民营企业加强基础性前沿性研究和成果转化。

（十七）加快推动数字化转型和技术改造。鼓励民营企业开展数字化共性技术研发，参与数据中心、工业互联网等新型基础设施投资建设和应用创新。支持中小企业数字化转型，推动低成本、模块化智能制造设备和系统的推广应用。引导民营企业积极推进标准化建设，提升产品质量水平。支持民营企业加大生产工艺、设备、技术的绿色低碳改造力度，加快发展柔性制造，提升应急扩产转产能力，提升产业链韧性。

（十八）鼓励提高国际竞争力。支持民营企业立足自身实际，积极向核心零部件和高端制成品设计研发等方向延伸；加强品牌建设，提升"中国制造"美誉度。鼓励民营企业拓展海外业务，积极参与共建"一带一路"，有序参与境外项目，在走出去中遵守当地法律法规、履行社会责任。更好指导支持民营企业防范应对贸易保护主义、单边主义、"长臂管辖"等外部挑战。强化部门协同配合，针对民营经济人士海外人身和财产安全,建立防范化解风险协作机制。

(十九)支持参与国家重大战略。鼓励民营企业自主自愿通过扩大吸纳就业、完善工资分配制度等,提升员工享受企业发展成果的水平。支持民营企业到中西部和东北地区投资发展劳动密集型制造业、装备制造业和生态产业,促进革命老区、民族地区加快发展,投入边疆地区建设推进兴边富民。支持民营企业参与推进碳达峰碳中和,提供减碳技术和服务,加大可再生能源发电和储能等领域投资力度,参与碳排放权、用能权交易。支持民营企业参与乡村振兴,推动新型农业经营主体和社会化服务组织发展现代种养业,高质量发展现代农产品加工业,因地制宜发展现代农业服务业,壮大休闲农业、乡村旅游业等特色产业,积极投身"万企兴万村"行动。支持民营企业参与全面加强基础设施建设,引导民营资本参与新型城镇化、交通水利等重大工程和补短板领域建设。

(二十)依法规范和引导民营资本健康发展。健全规范和引导民营资本健康发展的法律制度,为资本设立"红绿灯",完善资本行为制度规则,集中推出一批"绿灯"投资案例。全面提升资本治理效能,提高资本监管能力和监管体系现代化水平。引导平台经济向开放、创新、赋能方向发展,补齐发展短板弱项,支持平台企业在创造就业、拓展消费、国际竞争中大显身手,推动平台经济规范健康持续发展。鼓励民营企业集中精力做强做优主业,提升核心竞争力。

六、促进民营经济人士健康成长

全面贯彻信任、团结、服务、引导、教育的方针,用务实举措稳定人心、鼓舞人心、凝聚人心,引导民营经济人士弘扬企业家精神。

(二十一)健全民营经济人士思想政治建设机制。积极稳妥做好在民营经济代表人士先进分子中发展党员工作。深入开展理想信念教育和社会主义核心价值观教育。教育引导民营经济人士中的党员坚定理想信念,发挥先锋模范作用,坚决执行党的理论和路线方针政策。积极探索创新民营经济领域党建工作方式。

（二十二）培育和弘扬企业家精神。引导民营企业家增强爱国情怀、勇于创新、诚信守法、承担社会责任、拓展国际视野，敢闯敢干，不断激发创新活力和创造潜能。发挥优秀企业家示范带动作用，按规定加大评选表彰力度，在民营经济中大力培育企业家精神，及时总结推广富有中国特色、顺应时代潮流的企业家成长经验。

（二十三）加强民营经济代表人士队伍建设。优化民营经济代表人士队伍结构，健全选人机制，兼顾不同地区、行业和规模企业，适当向战略性新兴产业、高技术产业、先进制造业、现代服务业、现代农业等领域倾斜。规范政治安排，完善相关综合评价体系，稳妥做好推荐优秀民营经济人士作为各级人大代表候选人、政协委员人选工作，发挥工商联在民营经济人士有序政治参与中的主渠道作用。支持民营经济代表人士在国际经济活动和经济组织中发挥更大作用。

（二十四）完善民营经济人士教育培训体系。完善民营经济人士专题培训和学习研讨机制，进一

14

步加大教育培训力度。完善民营中小微企业培训制度,构建多领域多层次、线上线下相结合的培训体系。加强对民营经济人士的梯次培养,建立健全年轻一代民营经济人士传帮带辅导制度,推动事业新老交接和有序传承。

(二十五)全面构建亲清政商关系。把构建亲清政商关系落到实处,党政干部和民营企业家要双向建立亲清统一的新型政商关系。各级领导干部要坦荡真诚同民营企业家接触交往,主动作为、靠前服务,依法依规为民营企业和民营企业家解难题、办实事,守住交往底线,防范廉政风险,做到亲而有度、清而有为。民营企业家要积极主动与各级党委和政府及部门沟通交流,讲真话、说实情、建诤言,洁身自好走正道,遵纪守法办企业,光明正大搞经营。

七、持续营造关心促进民营经济
发展壮大社会氛围

引导和支持民营经济履行社会责任,展现良好形象,更好与舆论互动,营造正确认识、充分尊重、积极关心民营经济的良好社会氛围。

（二十六）引导全社会客观正确全面认识民营经济和民营经济人士。加强理论研究和宣传，坚持实事求是、客观公正，把握好正确舆论导向，引导社会正确认识民营经济的重大贡献和重要作用，正确看待民营经济人士通过合法合规经营获得的财富。坚决抵制、及时批驳澄清质疑社会主义基本经济制度、否定和弱化民营经济的错误言论与做法，及时回应关切、打消顾虑。

（二十七）培育尊重民营经济创新创业的舆论环境。加强对优秀企业家先进事迹、加快建设世界一流企业的宣传报道，凝聚崇尚创新创业正能量，增强企业家的荣誉感和社会价值感。营造鼓励创新、宽容失败的舆论环境和时代氛围，对民营经济人士合法经营中出现的失误失败给予理解、宽容、帮助。建立部门协作机制，依法严厉打击以负面舆情为要挟进行勒索等行为，健全相关举报机制，降低企业维权成本。

（二十八）支持民营企业更好履行社会责任。教育引导民营企业自觉担负促进共同富裕的社会责任,在企业内部积极构建和谐劳动关系,推动构建全体员工利益共同体,让企业发展成果更公平惠及全体员工。鼓励引导民营经济人士做发展的实干家和新时代的奉献者,在更高层次上实现个人价值,向全社会展现遵纪守法、遵守社会公德的良好形象,做到富而有责、富而有义、富而有爱。探索建立民营企业社会责任评价体系和激励机制,引导民营企业踊跃投身光彩事业和公益慈善事业,参与应急救灾,支持国防建设。

八、加强组织实施

(二十九)坚持和加强党的领导。坚持党中央对民营经济工作的集中统一领导,把党的领导落实到工作全过程各方面。坚持正确政治方向,建立完善民营经济和民营企业发展工作机制,明确和压实部门责任,加强协同配合,强化央地联动。支持工商联围绕促进民营经济健康发展和民营经济人士健康成长更好发挥作用。

(三十)完善落实激励约束机制。强化已出台政策的督促落实,重点推动促进民营经济发展壮大、产权保护、弘扬企业家精神等政策落实落细,完善评估督导体系。建立健全民营经济投诉维权平台,完善投诉举报保密制度、处理程序和督办考核机制。

(三十一)及时做好总结评估。在与宏观政策取向一致性评估中对涉民营经济政策开展专项评估审查。完善中国营商环境评价体系,健全政策实施效果第三方评价机制。加强民营经济统计监测评估,必要时可研究编制统一规范的民营经济发展指数。不断创新和发展"晋江经验",及时总结推广各地好经验好做法,对行之有效的经验做法以适当形式予以固化。

(新华社北京7月19日电)

进一步激发民营经济发展活力

——国家发展改革委有关负责人就《中共中央国务院关于促进民营经济发展壮大的意见》答记者问

新华社记者　陈炜伟　严赋憬

《中共中央国务院关于促进民营经济发展壮大的意见》19 日发布。意见出台的背景是什么？部署了哪些重要任务？记者就此采访了国家发展改革委有关负责人。

问：意见的出台背景是什么？

答：长期以来，民营经济在稳定增长、促进创新、增加就业、改善民生等方面发挥了积极作用，已经成为我国经济制度的内在要素，推动经济持续健康发展的重要力量。在税收上，2012 年至 2021 年，民企占比从 48% 提升至 59.6%。在就业上，2012 年至

2022年,规上私营工业企业吸纳就业占比从32.1%提高至48.3%。在数量上,2012年至2022年,民企数量占比从79.4%增长到93.3%。在外贸上,民企从2019年起成为第一大外贸主体,2022年占比达50.9%。

民营经济在我国经济中的比重持续提升,已经成为推进中国式现代化的生力军,高质量发展不可或缺的重要基础,推动我国全面建成社会主义现代化强国、实现第二个百年奋斗目标不可替代的重要力量。但一个时期以来,民营经济发展环境发生了一些变化,不少民营企业面临着一些问题和困难,迫切需要针对新情况,完善促进民营经济发展壮大的体制机制,提振民营经济预期信心,进一步激发民营经济发展活力。

党中央、国务院始终高度重视民营经济发展。党的十八大以来,党中央、国务院出台一系列重大文件,持续推动民营经济发展壮大,各方面围绕中央精神的贯彻落实,也推出一系列政策举措,取得了良好效果。党的二十大明确提出"优化民营企业发展环境,依法保护民营企业产权和企业家权益,促进民营经济发展壮大",对民营经济工作提出了新要求。

本次出台的意见,对促进民营经济发展壮大作出了新的重大部署,充分体现了以习近平同志为核心的党中央对民营经济的高度重视和对民营经济人士的深切关怀。我们要把中央精神领会好,把发展方向把握好,把务实举措落实好,推动民营经济在中国式现代化的伟大进程中肩负起更大使命、承担起更重责任、发挥出更大作用。我们有理由相信,民营经济必将迎来更加广阔发展舞台和光明发展前景。

问:意见部署了哪些主要任务?

答:意见围绕6个方面,部署了重点任务。

一是持续优化民营经济发展环境。持续破除市场准入壁垒,清理规范行政审批、许可、备案等政务服务事项的前置条件和审批标准。全面落实公平竞争政策制度,强化制止滥用行政权力排除限制竞争的反垄断执法。完善社会信用激励约束机制,健全失信行为纠正后的信用修复机制,完善政府诚信履约机制。完善市场化重整机制。

二是加大对民营经济政策支持力度。完善融资支持政策制度,健全多方共同参与的融资风险市场化分担机制。完善拖欠账款常态化预防和清理机制,依法依规加大对责任人的问责处罚力度。强化人才和用工需求保障,加强灵活就业和新就业形态劳动者权益保障。完善支持政策直达快享机制,建立支持政策"免申即享"机制。强化政策沟通和预期引导,根据实际设置合理过渡期。

三是强化民营经济发展法治保障。依法保护民营企业产权和企业家权益,进一步规范涉产权强制性措施。构建民营企业源头防范和治理腐败的体制机制。持续完善知识产权保护体系,加大对民营中小微企业原始创新保护力度。完善监管执法体系,杜绝选择性执法。健全涉企收费长效监管机制。

四是着力推动民营经济实现高质量发展。引导民营企业完善治理结构和管理制度,鼓励有条件的民营企业建立完善中国特色现代企业制度。鼓励民营企业持续加大研发投入,加快推动数字化转型和技术改造。鼓励民营企业提高国际竞争力,加强品牌建设。支持民营企业参与国家重大战略,参与推进碳达峰碳中和、乡村振兴。依法规范和引导民营资本健康发展。

五是促进民营经济人士健康成长。培育和弘扬企业家精神,加强民营经济代表人士队伍建设。完善民营经济人士教育培训体系,建立健全年轻一代民营经济人士传帮带辅导制度。全面构建亲清政商关系,各级领导干部要坦荡真诚同民营企业家接触交往,主动作为、靠前服务。

六是持续营造关心促进民营经济发展壮大社会氛围。引导社会正确认识民营经济的重大贡献和重要作用,坚决抵制、及时批驳澄清质疑社会主义基本经济制度、否定和弱化民营经济的错误言论与做法。培育尊重民营经济创新创业的舆论环境,依法严厉打击以负面舆情为要挟进行勒索等行为。支持民营企业更好履行社会责任,展现良好形象。

问:意见出台后如何抓好落实?

答:国家发展改革委将按照党中央、国务院要求,会同有关部门,从四个方面抓好落实。

一是健全机制、压实责任。完善促进民营经济发展工作协同推进机制,进一步强化部门协同、央地联动水平。必要时可根据意见进一步制定行动方案,明确各自分工,压实部门责任。地方政府要充分结合地方实际制定和细化具体实施方案,确定工作目标和时间进度安排,推动各项措施落地。

二是密切跟踪、优化配套。加强对文件落实情况的动态跟踪,国家发展改革委将会同全国工商联定期开展意见实施情况调研,听取地方政府、行业协会、民营企业、金融机构和其他相关单位的意见,在不断研究新情况、总结新经验、解决新问题的过程中发现问题、总结经验,及时提出完善政策的后续配套措施,防止政策举措在实施中变形走样。

三是广泛宣传、做好解读。做好文件解读和宣传,讲好民营企业和企业家故事,营造全社会关心支持民营经济发展的氛围,提升民营企业谋发展、谋改革、谋创新的积极性和主动性,让民营经济创新源泉充分涌流,让民营经济创造活力充分迸发。

四是及时研究、科学评估。及时研究民营经济发展中遇到的苗头性、倾向性和潜在性问题,对重大问题组织力量开展专题研究,委托相关机构对政策实施开展第三方评估,根据评估结果持续优化政策落实方式。

(新华社北京 7 月 19 日电)

图书在版编目（CIP）数据

中共中央国务院关于促进民营经济发展壮大的意见/中共中央
　国务院 著. —北京：人民出版社，2023.7
ISBN 978－7－01－025847－8

Ⅰ.①中… Ⅱ.①中… Ⅲ.①民营经济-经济发展-文件-中国
　Ⅳ.①F121.23

中国国家版本馆 CIP 数据核字（2023）第 135645 号

中共中央国务院关于促进民营经济发展壮大的意见

ZHONGGONGZHONGYANG GUOWUYUAN GUANYU
CUJIN MINYING JINGJI FAZHAN ZHUANGDA DE YIJIAN

中共中央国务院

人民出版社 出版发行
（100706　北京市东城区隆福寺街 99 号）

北京新华印刷有限公司印刷　新华书店经销

2023 年 7 月第 1 版　2023 年 7 月北京第 1 次印刷
开本：880 毫米×1230 毫米 1/32　印张：1
字数：14 千字

·ISBN 978－7－01－025847－8　定价：3.00 元

邮购地址 100706　北京市东城区隆福寺街 99 号
人民东方图书销售中心　电话 （010）65250042　65289539